239F

MW01705853

Vive mon école !

Titre original de l'ouvrage : "Mi primer día
de colegio"

I.S.B.N. 2-04-019013-9
Dépôt légal : Juillet 1989

Imprimé en Espagne par
EMSA, Diputación, 116
08015 Barcelona, en Juin 1989
Dépôt légal : B-28.957-89
Numéro d'Éditeur : 785

Traduction : C. Diaz-Bosetti (agrégée d'espagnol)
Adaptation : E. Bosetti (psychologue scolaire)

la bibliothèque des tout-petits

I. Sanchez / I. Bordoy

Vive mon école !

Bordas

Aujourd'hui, c'est la rentrée !
Mon cartable neuf sur le dos,
je suis prêt à partir pour l'école.

Maman m'accompagne
jusqu'à la porte de l'école :
« Tu sais, tu vas apprendre
beaucoup de choses ici
et tu vas te faire plein d'amis ! »

La maîtresse est là, elle nous attend.
Tiens, Julien est déjà dans la classe !

Chacun se présente.
La maîtresse aussi dit son nom.
« Je m'appelle Marie »,
dit une petite fille.
« Moi, je m'appelle Pierre »,
dit un garçon.

La maîtresse nous fait
visiter la classe :
« Voilà vos portemanteaux.
Ici, ce sont les lavabos…

Autour de ces petites tables,
vous pourrez travailler à plusieurs,
dessiner et faire
de la pâte à modeler.

Sur ce grand tableau aussi,
nous dessinerons et nous écrirons.

Et voici la bibliothèque :
nous lirons plein d'histoires ensemble.

Regardez les poissons
dans l'aquarium : chaque jour
il faudra vous en occuper,
leur donner à manger...

… Il faudra aussi
bien arroser les plantes ! »

En passant dans le couloir,
nous apercevons les grands
qui travaillent…

Chouette ! La cour de l'école !
Il y a un toboggan !
une cage pour grimper !
On va bien s'amuser !...

C’est l’heure de la sortie.
Maman m’attend :
« Tu sais, maman,
elle est vraiment bien mon école ! »

VIVE MON ÉCOLE !

L'entrée à l'école maternelle

L'entrée à l'école maternelle constitue pour l'enfant (mais aussi pour sa famille) un événement. Même s'il a connu la crèche, s'il est habitué à des séparations régulières d'avec ses parents, la maternelle lui fait découvrir un monde nouveau.

L'école maternelle ne prépare pas seulement à la "grande école", son objectif est beaucoup plus ambitieux. Elle doit favoriser l'épanouissement de la personnalité de l'enfant dans sa totalité et contribuer à son développement intellectuel, moteur et affectif. Pour cela, la pédagogie proposée à l'école maternelle privilégie l'action et la communication.

Pour la première fois, l'enfant passe d'un milieu familial réduit à un environnement social beaucoup plus large dans lequel les règles de vie sont différentes ; il élargit son cercle d'affections et découvre d'autres modèles.

L'école maternelle va lui permettre peu à peu de se situer par rapport aux adultes, à ses camarades et à son groupe classe. Au fil des jours, il découvre, vit et intériorise les règles sociales de cette collectivité.

Parallèlement, il prend confiance en lui, apprend à mieux se connaître, à évaluer ses limites et ses possibilités. Il veut progresser et conquiert peu à peu son autonomie. Il souhaite agir "tout seul" et en vient à proposer son aide à ses camarades, parfois même à son enseignant !

Sécurisé et épanoui, il est prêt à investir toute son énergie vitale dans les nombreuses activités qui le préparent aux apprentissages de l'école élémentaire.

L'école et la famille

L'idée que l'enfant se fait de l'école est influencée par ce que disent les adultes, les frères ou les copains qui l'entourent. L'entrée à l'école est aussi un "événement" pour les parents ! Si ces derniers le vivent avec calme, confiance et naturel, tout ira beaucoup mieux. Une visite préalable des locaux, un entretien avec les enseignants peuvent désamorcer des inquiétudes. L'école maternelle est ouverte aux parents, des échanges réguliers avec les enseignants favorisent la compréhension mutuelle et permettent une meilleure adaptation de l'enfant.